MELEAGRE

TRAGEDIE.

DE M. DE BENSSERADE.

A PARIS,

Chez ANTHOINE DE SOMMAVILLE, au Palais dans la Gallerie des Merciers, à l'Escu de France.

M. DC. XLI.

AVEC PRIVILEGE DV ROY.

A MONSEIGNEVR
MONSEIGNEVR
LE MARQVIS
DE BREZE'

ONSEIGNEVR,

 Ie ne vous offre point cét ouurage afin que vous l'honoriez de voſtre protection, il ne merite pas vn ſi noble apuy, & le fameux Nom de BREZE' n'eſt point fait pour ſoûtenir vne choſe de ſi peu d'importance. C'eſt aſſez qu'il me donne lieu de vous fournir vne marque du tres-humble reſpect que i'ay pour vous, & qu'il me ſerue pour vous aſſeurer que c'eſt ſeulement à vôtre gloire que ie veux deſormais attacher tous mes ſoins & toutes mes veilles. Puis que le Ciel m'a fait la grace d'eſtre de vôtre

á ij

temps, & que selon l'aparence, ie doy voir vne partie des progrez de cette belle vie que vous commēcez si glorieusement, il est iuste que ie passe toute la mienne à l'admirer comme il faut, & à me rendre digne d'en pouvoir dire vn mot à la Posterité: I'auray bien de la peine à ne vous pas faire dépit en cette illustre occasion, sçachant par épreuue combien il est difficile de vous faire oüir vos propres loüanges sans vser d'vne adresse merueilleusement delicate. Mais quoy qu'il en arriue, ie m'acquitteray de mon plus pressant deuoir, & tascheray de satisfaire à la passion dont ie veux estre,

MONSEIGNEVR,

Vostre tres-humble, tres-obeissant
& tres-obligé seruiteur,

DE BENSSERADE.

A MONSEIGNEVR
LE MARQVIS
DE BREZE
SVR SON COMBAT NAVAL.
SONNET.

Eune Heros, foudre de guerre,
Illustre & Genereux BREZE',
L'Espagnol s'est mal opposé
Aux coups de ton premier tonnerre.

Contre tes armes comme verre,
Ce grand orgueilleux s'est brizé
Luy dont l'auarice a creusé
Iusques au centre de la terre.

Sans la gloire où ce coup te met
Tousiours gaignois-tu le sommet
D'vne esperance non commune

Mais par ce combat renommé,
Ton courage t'a confirmé,
Les promesses de la Fortune.

DE BENSSERADE.

AV MELEAGRE
DE MONSIEVR DE BENSSERADE.

TOY qu'vn tison fatal auoit mis au tombeau,
Qui perdis en mourant tes bien-heureuses flâmes,
Sois content, Meleagre, vn autre feu plus beau
T'a redonné la vie auec l'amour des Dames.

DALIBRAY.

AVX LECTEVRS.

LEs belles Comedies sont belles differemment, les vnes ont des intrigues qui surprennent, & dont la nouueauté les fait éclater, les autres se soustiennent sur des passions naïues & tendres, & les autres enfin sont considerables par des mouuemens extraordinaires ou par la pompe & la magnificence des vers. Or comme leurs beautez sont differentes, aussi doiuent-elles auoir vn lustre & vn jour tout different. Celles dont les traits sont hardis, mais grossiers, ne plaisent que d'vne distance vn peu éloignée, & ne descendent du Theatre qu'à leur honte. Les autres qui ont des graces plus delicates ne se font bien valoir qu'aux ruelles & dans les cabinets, mais toutes doiuent estre naïues & intelligibles : Vous iugerez de celle-cy comme il vous plaira, si le sujet en est sterille, au moins n'eſt il point embaraſſé, les reigles du temps & du lieu y ſont dans leur ſeuerité toute entiere. Pour les vers ie ne les ſçay point faire. Enfin dans cét ouurage comme dans tous les autres ie taſche de ſatisfaire à tout ce qu'il y a d'habiles & d'ignorans, ie veux bien m'éleuer, mais ie ne veux pas qu'on me perde de veuë, & ſi ie veux eſtre eſtimé de quelques-vns, ie veux eſtre entendu de tout le monde.

En vain de ce que ie compoſe,
Les doctes paroiſſent contens,
A ma gloire il manque vne choſe
Vulgaire ſi tu ne m'entens.

FAVTES DE L'IMPRESSION.

Page 3. vers 17. & faiſans, liſez & faiſant. page 16 vers 2 & ne me faitez, liſez & ne me faites. page 16 v. 6 monte liſez monté. page 18 vers 14 linocente, liſez inocente. page 21 v. 8. vos liſez vous. pag. 26 v. 5. mes freres & mes fils. li. mes freres & mon fils. page 26 vers 17 il manque ce vers tout entier

Des pleurs ſans y penſer coulent ſur mon viſage

page 30 vers 2 ſatisfait. liſez ſatisfay. page 30 vers 10 il eſt vn but à tous. liſez à tout. page 30 vers 11 excixer, liſez exciter. page 33 vers 6, on brage de laurier, liſez ce laurier. page 35 vers 7 contentez mon enuie, liſez mon feu vous en conuie. page 37 vers 9 qu'au point que ie l'imite, liſez que ie le quitte. page 40 vers 8 & de ce qu'il en eſt, liſez de ce qui peut en eſtre. page 48 vers 10 elle le porte liſez elle ſe porte. page 49 vers 11 a bruit fait, liſez a fait bruit. page 76 vers 12 ny nom amie, liſez ny mon amie.

ACTEVRS.

MELEAGRE.
TOXEE.
PLEXIPE, } Ses Oncles.
ACASTE, Gentil-homme.
IASON,
THESEE, } Princes venus au secours de Meleagre.
ATALANTE, Maistresse de Meleagre
ALTEE, Mere de Meleagre.
DEIANIRE, Sœur de Meleagre.

Troupe de Chasseurs.

La Scene est tousiours dans un Bocage.

PAR Grace & Priuilege du Roy, donné à Paris le   Decembre 1640. signé par le Roy en son Conseil. LE BRVN. Il est permis à ANTOINE DE SOMMAVILLE, Marchand Libraire à Paris d'imprimer vne Tragedie intitulée LE MELEAGRE, & ce durant le temps de cinq ans, à compter du iour qu'elle sera acheuée d'imprimer, & deffences à tous autres de contre-faire ledit liure, ny en vendre d'autres que de celles qu'aura fait ou fait faire ledit Sommauille, sur les peines portées par lesdites Lettres.

Acheué d'imprimer le 28. iour de Ianuier 1641.

MELEAGRE
TRAGEDIE.

ACTE I.
SCENE PREMIERE.

DEIANIRE, ATALANTE.

DEIANIRE.

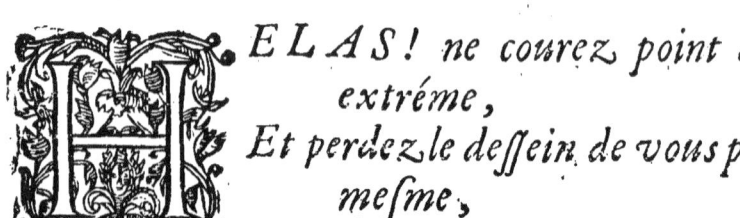ELAS! ne courez point à ce danger extréme,
Et perdez le dessein de vous perdre vous mesme,
Ne vous exposez point à de si rudes coups,
Trop aimable Atalante, ayez pitié de vous :
Que promet vostre main qu'un effet ridicule ?

A

MELEAGRE.

Fille vous estes ferme ou trembleroit Hercule,
Pensez vous mettre bas ce Sanglier écumeux,
Qu'vn dégast si funeste à rendu si fameux?
Vostre esperance est vaine, outre qu'elle est profane
Contre vn monstre vangeur du culte de Diane,
Les Dieux ont envoyé ce terrible animal
Et c'est leur faire tort que de luy faire mal,
Laissez cét exercice a l'ardente jeunesse
De toute l'Etolie, & de toute la Grece,
Et qu'enfin la raison conseille à vos apas
Et de plus innocens, & de plus doux ébas.

ATALANTE.

Me voulez vous du mal, charmante Déjanire,
Ou portez vous enuie à la gloire ou i'aspire,
De m'estre si facheuse, & de contrarier
Mon genereux dessein d'acquerir vn laurier?
Ne sçauez vous pas bien que la chasse est ma vie,
Qu'a ce doux passe-temps mon humeur me conuie,
Et que i'y suis portée auec tant de desir
Que i'en ayme la peine à cause du plaisir.

DEIANIRE.

Mais songez si vous plaist que vous auez en teste
La plus prodigieuse & plus cruelle beste,
Dont iamais la nature ait senty la fureur,
Et que le seul penser en fait fremir d'horreur,

TRAGEDIE.

C'est vn Sanglier affreux qui vous liure la guerre
Par qui le Ciel faché se vange de la terre.
Dont les tristes regars sont des traits venimeux
Et qui portent la flame, & le sang auec eux,
Son couroux fait briller deux ardentes prunelles
Il môntre vn double rang de deffences mortelles,
Sa hure se herisse, & fait de toutes parts,
De son poil rude & droit vne forest de darts
Mais sans que mon recit vous en doiue distraire
Par les maux qu'il a faits voyez ceux quil peut faire,
De puis le iour fatal que sa rage à paru
Que n'a telle destruit? ou n'a t'elle couru?
Les plus fertiles chams sont demeurez en friche,
Il à fait vn desert d'vne campagne riche,
Il a seul renuersé de ses crochets aigus
La gloire de Cerez & l'honneur de Bachus,
Et faisans vn débris d'vne belle aparance
Il à du laboureur rauagé l'esperance,
Il s'est fait vn joüet des superbes troupeaux
Et des foibles brebis, & des plus fiers taureaux:
Que vostre bel esprit enfin se le figure
Comme vn monstre échapé des mains de la nature,
Quy fait pour la détruire, & la mettre au tombeau
Ne respecteroit pas ce qu'elle a de plus beau,

ATALANTE.

Que la difficulté rend vne chose belle

MELEAGRE,

Elle donne au desir vne force nouuelle,
Au lieu de me glacer vous méchaufez le sein,
Ainsi vostre discours nuit à vôtre dessein
Ne le verray-ie point ? ha combien j'ay d'enuie
De luy faire vomir & le sang & la vie,
Que nos Chasseurs sont lents, qu'ils deuroient se haster.

DEIANIRE.

Et que vous estes promte à vous precipiter ?
Apres tout (mon soucy) dans l'estat ou nous sommes
Ne deuons nous pas viure autrement que les hommes?
Nos maux sont differens de mesme que nos biens,
Ce sexe à ses plaisirs, & le nôtre à les siens,
Encor qu'ils semblent nez pour se faire la guerre,
Nous ne le sommes pas pour dépeupler la terre.

ATALANTE.

Pour vous, vous estes fille, & fille infiniment,
De moy, si ie la suis cest de corps seulement.
Mais sans perdre de temps il faut que ie medite
Par ou ie doy fraper ce Sanglier d'élite.

DEIANIRE.

Vous feriez beaucoup mieux de songer à guerir
Le pauure malheureux que vous faittes mourir.

ATALANTE.

Du moindre de mes traits.

TRAGEDIE

DEIANIRE.

vous finirez sa vie.

ATALANTE.

Ie luy rauiray l'ame.

DEIANIRE.

Et vous l'auez rauie?

ATALANTE.

Il ne peut échaper.

DEIANIRE.

Vôtre iniuste rigueur?

ATALANTE.

Il en tiendra sans doute.

DEIANIRE.

Il en tient dans le cœur.

ATALANTE.

Hé qu'en voulez vous dire?

DEIANIRE.

Hé qu'en voulez vous faire?

MELEAGRE,
ATALANTE.

Ie parle du Sanglier,

DEIANIRE.

Ie parle de mon frere,

ATALANTE.

Le voila.

DEIANIRE.

C'est luy mesme

ATALANTE.

ô qu'il vient a propos,
Et bien acompagné d'un nombre de heros?

SCENE II.

MELEAGRE, THESEE, IASON,
CHOEVR DE CHASSEVRS.
ATALANTE, DEIANIRE.
MELEAGRE.

Nous allons remporter vne heureuse victoire
Quy nous couronnera par les mains de la gloire,
Et voir de Calydon les tristes champs purgez
Du mal pernicieux dont ils sont affligez,
Par des faits jnoüis (ô jeunesse heroïque))
Vous allez retablir la fortune publique,
Et mettre à la raison cet effroy monstrueux,
Ce torrent débordé, ce foudre impetueux,
Ce farouche animal dont la rage s'augmente
De l'affront fait aux dieux la vengeance écumante
Quy depuis vne annee à tout comblé d'orreur
Et fait de ce pays l'obiet de sa fureur,
Aussi voulez vous bien pour m'aquerir du lustre,

MELEAGRE,

Que je vous acompagne en cette Chasse illustre
Et que ie melle icy dans vostre noble ardeur
Tout ce que i'ay d'adresse, & de force, & de cœur,
Afin que si ie cours vne mesme fortune
Du danger partagé la gloire soit commune.

THESEE.

Soit que nous deuions vaincre ou qu'il faille perir,
Nous ne sommes venus que pour te secourir,
Et pour te degager d'vn peril si funeste,
Quand à moy ie le iure.

IASON.

Et Iason le proteste.

CHOEVR de Chasseurs.

Et nous d'vn mesme cœur faisons mesme serment.

ATALANTE.

Et moy qui porte en l'ame vn autre sentiment,
Si dans cette partie auec vous ie m'engage,
C'est plus pour mon honneur que pour son auantage,
Dans ce fameux danger que ie cours aujourduy
Ie regarde ma gloire, & non le bien d'autruy;
Ie sçay ce que l'on doit à ce genereux Prince,
Et qu'elle affliction desole sa prouince
Contre qui des grands Dieux la colere s'emeut,

TRAGEDIE.

Et fille ie sçay bien ce que la pitié peut
Regardant son malheur ie sens que i'en soupire,
Mais l'honneur d'y mettre ordre est tout ce qui m'attire,
Ie me laisse seduire à ce penser si doux
Quy me dit que seruant Meleagre auec vous
Ie monstre la valeur dont mon ame est doüée,
Sy ie luy fay plaisir c'est pour estre loüee,
Et prenant vne part à ce tragique employ
Ie fay bien moins pour luy que ie ne fay pour moy,

MELEAGRE.

Madame, plût au Ciel que d'aussy bonne grace
Vous fussiez obligeante ailleurs qu'en cette chasse,
Vous pouriez beaucoup faire en vne autre action,
Mesme pour vôtre honneur, & par compassion,
L'effroyable Sanglier qui détruit ma prouince
Ne fait pas tout le mal dont soupire son prince,
Vous pouuez l'obliger sans fraper vn seul coup,
Et de vôtre pitié ce prince attend beaucoup.
Mais sans qu'à vôtre adresse il fasse aucune iniure
Pour la derniere fois souffrez qu'il vous conjure
De ne pas suiure vn sort & bizare, & trompeur,
Songez bien que pour vous des gens meurent de peur,
Et que vôtre personne en ce danger extréme
Hasarde quelque chose au de la d'elle mesme.

B

DEIANIRE.

Elle rira toujours de ce que nous disons,
Son desir est plus fort que toutes nos raisons,
Du Chasteau iusqu'icy ie l'ay toujours suiuie
Sans luy pouuoir oster cette facheuse enuie.

THESEE.

D'vn si rude plaisir elle peut se passer.

IASON.

Ce n'est Dain ny cheureuil que nous allons chasser.

MELEAGRE.

Ie sçay qu'en son adresse elle est vne merueille,
Que son agilité n'eut jamais de pareille,
Et je ne sçay que trop qu'vne s'y belle main
Non plus qu'vn si bel œil ne tire pas en vain,
Mais ie veux pour le moins suplier cette belle,
De souffrir qu'en chassant je sois toujours prés d'elle,
Afin de la pouuoir promtement dégager
Et de mettre mon corps entr'elle & le danger,
Bien souuent du malheur l'insolence est extreme.

ATALANTE.

Faittes ce que ie veux j'en vseray de mesme,

TRAGEDIE.
THESEE

Le jour commence à poindre, & nos gens dans le bois
Semblent nous appeller du Cor, & de la voix.

MELEAGRE.

Courons y, mes amis.

SCENE III.

DEIANIRE. reste seule.

Fasse le Ciel propice
Que personne de vous n'aille à son précipice,
Que la beste succombe à l'éffort de vos bras,
Et qu'elle ait à mourir sans vanger son trepas.
Ie vay faire des veux, mais j'aperçoy la Reine,
Mes Oncles auec elle ont trauersé la Plaine.

SCENE IV.

ALTEE, DEIANIRE, TOXEE
PLEXIPE.

ALTEE, a Deianire.

Etournez au Chasteau.

DEIANIRE.

J'y vay.

ALTHEE.

Que tout soit prest
Et que la ville prie en la frayeur qu'elle est.

SCENE V.
TOXEE. PLEXIPE. ALTEE.
TOXEE.

Retournez y Madame, & permettez de grace
Que sans plus differer nous courions vers la Chasse
Meritions nous tous deux la peine, & le soucy?
Dont vous vous trauaillez á venir jusqu'icy?

PLEXIPE.

Que vôtre Majesté n'ait pour nous aucun trouble.

ALTEE.

Mes freres, mon cher sang, ma frayeur se redouble,
Soient de nôtre malheur tous les presages vains
Et détourne le ciel tant de maux que je crains,
Mais de quelque secours que le sort vous assiste
Iaprehende pour vous quelque chose de triste
De qui le contre-coup plain d'horreur & déffroy
Semble me menacer de rejaillir sus moy.
Vous estes les autheurs de ma tristesse extreme,
Et ie ne pleure pas pour mon propre fils mesme,

MELEAGRE,

Outre que vôtre sang me touche d'assez pres,
Et que ie prens ma part de tous vos interests,
Auec une tendresse, & si douce, & si chere
Qu'elle imite à peu pres la passion de mere,
C'est que ie crains pour vous ignorant vôtre sort,
Mais ie tiens de mon fils, & la vie, & la mort.

TOXEE.

Hé, Madame, comment?

ALTEE.

C'est vn secret mistere
Que ie vous veux aprendre, & que vous deuez taire
Ouy, quoy que mon fils tente il ne sçauroit mourir,
Et si ie ne le veux ne peut iamais perir.
Des l'heure qu'il nâquit, & que la destinee
Paya d'vn si doux fruit ma peine fortunee,
Les Parques qui nous font d'inuitables loix,
Autour de mon foyer s'assirent toutes trois,
Ie les recognus bien, de cette noire troupe
Deux fileut nos destins, la troisiesme les coupe,
Quand elles eurent veu l'honneur de mes enfans,
Et touchant le beau sort de ses iours triomphans
Eurent eu le loisir de consulter ensemble,
La plus fiere des trois.

TOXEE.

TRAGEDIE.

Ie fremis.

PEXIPE.

Et ie tremble.

ALTEE continuë.

Ietta parmi la flame vne souche de bois,
Et profera ces mots d'vne tonnante voix.
Des iours de cest enfant la course mesuree,
Et ce TISON fatal auront mesme duree.
Ce furent les propos que mon oreille oüit,
La ie demeuray seule, & tout s'euanoüit.
Ie saute à bas du lit, & de mes mains pieuses
I'étains de ce tison les flames odieuses,
Et dans mon cabinet ie m'ests en seureté
Les iours de Meleagre, & sa fatalité,
D'vn bien si precieux ie demeure rauie,
Et i'en fay mon tresor, parce que c'est sa vie.
Pleût aux Dieux qu'auec luy ie peusse aussi cacher
Tout ce qui me fait craindre, & tout ce qui m'est cher,
L'adieu que ie vous dy ne me seroit pas rude,
Et ie n'aurois pour vous aucune inquietude,
Vous voyant sans peril hazarder vos beaux ans,
Et courir vn danger dont vous seriez exems.
Mais puis que vous allez à cette triste chasse,
Pour épargner mon dueil, épargnez vous de grace,

MELEAGRE,

Et ne me faitez pas prouuer par ma douleur
Combien il coute cher d'estre trop bonne sœur.

TOXEE.

Vous écoutant parler d'vne telle merueille,
Ie doute si ie dors, ie doute si ie veille.

PLEXIPE.

Pour moy ie m'en estonne auec iuste raison.
Mais déja le Soleil monte sur l'horison,
De ces premiers rayons que l'Indien adore,
Fait briller sur ces fleurs les perles de l'Aurore,
On nous attend sans doute, il faudroit nous haster,

TOXEE.

Permettez nous, Madame, enfin de vous quitter
Et taschez de bannir de vos tristes pensées
Ces noires visions que la peur a tracées.

PLEXIPE.

Esperez mieux, Madame, & du Ciel, & de nous.

ALTEE.

Sa haute prouidence ait toujours l'œil sur vous,
Mais quoy que vous m'ostiez tout suiet de me plaindre
Vn secret mouuement me commande de craindre,
Que ce monstre fameux ne cause des malheurs
Qui me fassent répandre & du sang & des pleurs.

FIN.

ACTE II.
SCENE PREMIERE.
ATALANTE MELEAGRE caché.

ATALANTE.

Vr la viue fraicheur de cette molle plaine
Couche toy, triste fille, & là reprens ha-
leine;
Toy qui sans gloire aucune épuise ton car-
quois;
Dieux que de l'assitude, & de honte à la fois.

MELEAGRE, caché.

Fay que sans estre veu, cette jeune Merueille
Érauisse ton œil, & charme ton oreille.

ATALANTE.

STANCES A DIANE.

Chaste Reine des bois, claire diuinité,
Grand, & fameux honneur de la pudicité.

C

MELEAGRE,

Adorable Diane,
Ecoute la priere, & l'inocent discours
D'vne bouche ocupée à te benir toujours,
Et qui ne fut iamais impure ny profane.

MELEAGRE. caché

Aux discours que i'entens, comme à ce que ie voy,
L'inhumaine qu'elle est ne pense guere à moy,

ATALANTE. continuë.

Tu sçay qu'en ta faueur i'ay disposé de moy,
Et que le beau dessein de n'imiter que toy,
Fait toute mon enuie,
Mes desirs de tout temps ont suiuy tes desirs,
Tes diuertissemens ont esté mes plaisirs,
Et toujours l'inocence à gouuerné ma vie.

MELEAGRE, caché.

Par quel arrest iniuste autant comme fatal
L'innocente quelle est fait elle tant de mal,

ATALANTE. continuë.

Au seul nom de l'amour i'ay mille fois fremy
Et iamais ce vainqueur ton mortel ennemy,
N'est entré dans mon ame,
I'ai fait ma vanité d'imiter ta froideur,

TRAGEDIE.

Et si dans mon penser i'ay conceu de l'ardeur,
Le zelle de ta gloire à fait toute ma flame.

MELEAGRE. caché.

On me ruine, Amour, on te croit sans effet,
Hé que ne vanges tu l'iniure qu'on nous fait.

ATALANTE. continuë.

Pour tout prix de mes veux, aimable Deité,
A quy i'ay de tout temps voüé ma liberté,
   Ecoute ma priere,
Que ce fier animal qu'y détruit ce seiour
Soit privé par mes traits de l'vsage du iour,
Ou que ie puisse au moins le fraper la premiere.

MELEAGRE. pareſt & luy dit.

Pour tout prix de mes vœux, aymable Deité,
A qui i'ay de long temps voüé ma liberté,
   Ecoute ma priere,
Toy dont le ieune éclat fait briller ce seiour,
Cognoissant mon amour éprouue vn peu l'amour,
Et ressens sa chaleur en voyant sa lumiere.

ATALANTE.

Hé que faisiez vous là qu'on ne vous voioit pas?

MELEAGRE.

Ie vous suiuois, Madame, & marchois sur vos pas,
Dans la permission que vous m'auez donnee,
De ne vous pont quitter durant cette iournee.

ATALANTE.

Et moy qui fais vn veu de vaincre, ou de mourir
Ie reprenois haleine afin de mieux courir.
Reposez vous aussi.

MELEAGRE, se mettant à genoux deuant elle.

Que vous estes heureuse,
Beauté, qui me brulez d'vne ardeur amoureuse,
Sur qui mes yeux mourans demeurent attachez,
De trouuer du repos lors que vous en cherchez,
Pour vôtre vsage aussi l'aise doit estre faitte,
Non pour vn malheureux qui pleure sa deffaite,
Et dont le triste sort la reduit à ce point.
Qu'il soupire sans cesse, & ne repose point.
Ie sçay que vos regards me deuroient mettre en poudre
Sy la compassion ne retenoit ce foudre,
Et qu'ils éclateroient sur mes desseins nouueaux,
Sy vos yeux n'estoient doux de mesme qu'ils sont beaux.
Ie sçay que cette bouche adorable & diuine
Auroit déja puny ma passion mutine,
Sy ce vermeil Oracle & de vie & de mort:

TRAGEDIE.

N'auoit pitié du feu qui de la mienne fort;
Ie sçay qu'a ce grand cœur qui n'eut iamais de tache,
Qui ne peut rien souffrir : ny rien faire de lâche,
Et fonde sa vertu dessus vne froideur,
Ce palais magnifique ou loge la pudeur,
Ma seule passion pourroit estre suspecte,
S'il ne consideroit combien ie vous respecte,
Et que ie ne fay rien en vos donnant ma foy
Ny de honteux pour vous, ny de lâche pour moy,
Bref ie redouterois toute vôtre personne,
Sy comme elle est charmante, elle n'estoit pas bonne
Ius qu'au point seulement de me considerer,
Dans l'éstat que ie suis de me desesperer,
Et si i'estois contraint à cette violence
De mourir du regret d'obseruer le silence,
Lors que de mon amour la noble extremité,
fait de ma hardiesse vne necessité.

ATALANTE. assez froidement,

On m'a dit qu'en amour les tourmens veritables,
Par vn simple soupir estoient plus remarquables;
Que par cent beaux discours plains de fleurs, & d'apas,
Et qu'on disoit bien plus quand on ne parloit pas;
Mais à ce que m'aprend vôtre longue harangue,
L'amour pour s'expliquer à besoin d'vne langue,
Et ne se môntrant pas de soy bien clairement,
Doit pour estre entendu parler distinctement.

De fait il a besoin d'estre plus que visible,
Et d'user d'vn langage assez intelligible
Pour se bien faire entendre, & vanter son renom
A qui ne le cognoit seulement que de nom.

MELEAGRE,

Sy vous ne cognoissez le demon quy me guide
Mirez vous seulement dans ce cristal humide,
Contemplez vous vn peu, regardez à dessein
Ce beau teint, ce beau front, ces beaux yeux, ce beau sein,
Cherchez ma passion dans vos graces parfaittes,
Pour voir ce que ie sens voyez ce que vous estes,
Vos rares qualitez composent vn amour
Dont mon ame timide est le brulant seiour,
Il est fait des attraits dont vous estes pourueue,
Et tout ce qui vous pare est tout ce qui me tue
Voila quel est mon mal que ie veux conseruer,
Et l'ayant fait cognoistre il reste à le prouuer,
Il n'est point de discours de qui la force exprime
Ce beau feu dont ie brule, & qui fait tout mon crime,
Les soins qu'on vous peut rendre, & ceux que ie vous rens
N'en sçauroient pas fournir des signes assez grands,
Il faut donc qu'en mourant ie soulage ma playe,
Et que ie vous découure à quel point elle est vraye,
C'est le trepas tout seul ou ie vay recourir,
Et qui la peut montrer, & qui la doit guerir,

TRAGEDIE.

Trempez vos belles mains auecque violence
Dans ce coupable sang qui fait mon insolence,
Et lors que le respect me doit le plus geler
M'échauffe dauantage, & me force à parler;
Ou si vous dédaignez (obiet trop adorable)
De vous soüiller les mains d'vn sang si miserable,
Du moins voiez moy faire, & ne detournez pas
L'orgueil de ces beaux yeux de dessus mon trépas.

ATALANTE.

O dieux qu'alliez vous faire?

MELEAGRE.

En ce moment supreme
Ie vous allois montrer à quel point ie vous aime,
Et si ma passion vôtre cœur n'enflamoit,
Au moins vous eussiez dit, Meleagre m'aimoit.
Pensez donc que c'est vous qui voulez que ie viue,
Quy conseruez le bien dont mon desir me priue,
Qu'au gré de mon souhait ma mort eut reüssi,
Et que si ie fay moins, c'est qu'il vous plaist ainssi.
Mais ne me plaignez pas vne seule parole,
Que ie me desespere, ou que ie me console,
Doy-ie attendre la mort, ou bien la guerison?

ATALANTE

I'ay de quoy vous répondre en toute autre saison;

MELEAGRE.

Mais que pour ce matin aucun penser profane,
Ne souille l'oraison que i'ay faitte à Diane
Tel entretien repugne aux vœux que ie luy rends,
Et i'ay trop besoin d'elle en ce que i'entreprens.
Retirons nous de grace, & changeons de langage,
Car i'entreuoy des gens derriere ce bocage,
Et ie ne voudrois pas qu'on nous vit à l'écard
Détachez de la troupe, & faisans bande à part,
Ie me suis délassée, & puis l'heure nous presse,
Retournons à la chasse.

MELEAGRE.

Encore ma Princesse,
Qu'ordonnez vous de moy?

ATALANTE.

Ie veux que vous viuiez

MELEAGRE.

Que ie viue, mon Ange?

ATALANTE. *se mettant à courir*

Et que vous me suiuiez

MELEAGRE.

Que ie vous suiue aussi, qu'elle gloire m'arriue!
Sy ie ne vous suy pas, que tout malheur me suiue.

SCENE

SCENE II.

ALTEE, DEIANIRE.

ALTEE.

Aprenons en l'iſſuë, & courons au deuant,
De ce lieu toutefois ſans aller plus auant,
Nous en pourons ſçauoir d'aſſez promtes nouuelles,
Helas que i'ay de peur qu'elles ne ſoient mortelles!

DEIANIRE.

Si vôtre Majeſté ne ſçauoit mieux que moy,
Que c'eſt ſe trauailler d'vn inutile effroy,
Ie la coniurerois de toute ma puiſſance,
Détouffer ſes ſoupirs dans leur triſte n'aiſſance.
Vos ſoupçons incertains s'éclairciront tantoſt,
Quelque tard qu'on s'afflige, on s'afflige aſſez toſt.

ALTEE.

Ie ne ſçay de quel œil le deſtin nous regarde,
Et quel éuenement la fortune me garde,
Si le Ciel batiſſant ma ioye, ou mon malheur,

D

*Me reserue au plaisir, ou bien à la douleur,
Mon sort n'a qu'vne vaine & douteuse aparence,
Mais i'ay beaucoup de crainte, & fort peu d'esperance.
Peut estre (& pour mon bien le veux-ie croire ainsi)
Mes freres, & mes fils s'en reuiendront icy,
Les fronts ceints d'vne palme, & chargez d'vn trophee,
Noblement remporté sur la beste étouffee,
Ils seront glorieux, mon fils triomphera,
Et le contraire aussi peut estre arriuera,
L'esperance est trompeuse alors qu'elle se fonde
Sur le succés mouuant des affaires du monde,
A quelque ferme point qu'elles semblent pancher,
Elles ont vn detour qu'on ne peut empescher,
Et leur incertitude est bien souuent la cause
Qu'on voit rire, & pleurer pour vne mesme chose,
Ie pressens vn malheur quy me doit arriuer,
Et ie tiens que l'orage est tout prest à creuer,
Et pleurer sans suiet est vn mauuais presage,
On ne s'afflige point que l'on n'y soit forcé,
Et qui n'est pas atteint, sans doute est menacé,
Nôtre ame à des raports auecque la fortune,
Et la sent venir douce, ou venir importune.*

DEIANIRE.

*Que vôtre Majesté ne se gehenne pas tant,
Et quitte les penssers qui la vont agitant,*

Que la raison, Madame, en ces foibles orages,
Par sa viue clarté dissipe vos nuages;
Vous craignez seulement vn suiet de douleur,
Et vôtre seule crainte est tout vôtre malheur,
Mais le Ciel dont la main nous parest secourable,
Comblera nos desirs d'vn succés fauorable.
Acaste vient à nous le visage fort gay,
Ce quy confirme bien l'esperance que i'ay.

SCENE III.

ACASTE ALTEE DEIANIRE.

ACASTE.

O Succez éloigné de la commune attente!
O fille incomparable!

ALTEE.

Il parle d'Atalante.

ACASTE.

D'elle mesme, Madame, & ie ne puis celer,
Que ie souhaitterois d'en pouuoir bien parler,
Pour éleuer au Ciel vne gloire si pure.

ALTEE.

Conte nous en deux mots vne telle auanture.

ACASTE.

Dedans l'enclos obcur d'vn bois fort épaissy,
Quy peut estre distant de trente pas d'icy,
Dés la pointe du iour cette fameuse Chasse,
A pris son rendez-vous dans vne grande place,
Les vns lâchans des chiens, d'autres tendant des rets,
Et tous pour aquerir la palme, ou le cyprés,
L'abord de ce grand bois forme vne droitte allee,
Dont la pointe se courbe en profonde valee,
Lieu presque inaccessible, & du tout écarté,
Qu'vne sauuage horreur à toujours habité,
Et lors cette ieunesse à la gloire acouruë,
Assez heureusement en bouchoit l'auenuë,
Or dans le fons épais de ce val vmbrageux,
Croupit vn vieux bourbier sale, & marécageux,
Ou des lieux éleuez descendent les rauines
Et tout enuironné de haliers & d'épines,
Là dormoit le Sanglier, & couché de son long,
Faisoit bauge de canne, & d'osier, & de jonc,
Aux clameurs dont le bruit vient fraper son oreille,
Sa fureur assoupie auec lui se réueille,
Il se leue, il écume, il menace des yeux,
Tous veulent soûtenir vn choc si furieux,

De corps comme de cœur cette Ieuneſſe eſt jointe,
Et tous de leurs épieux luy preſentent la pointe,
Luy vous les écartant rompt l'effort aſſemblé,
Comme s'il eut couru ſur des épics de blé
La deuenu plus fier de ſa rouge preunelle,
Il iette des regards ou la mort éteinſelle,
S'il ſenfuit quelquefois comme plain de terreur,
C'eſt pour ſe retourner auec plus de fureur,
Il ent'rouure en courant vn grand goufre qui fume,
Et laiſſe diſtiller vne trace d'écume,
Qui pour nous auertir de nous en degager,
Blanchit tout les endrois ou paſſe le danger,
La force ne peut rien contre ſa rage émuë,
Tout d'vn coup il rauage il bouleuerſe il tuë,
Vn promt eclair n'a point la viteſſe qu'il à,
Et c'eſt eſtre par tout que d'aller comme il và,
La grandeur du peril excuſe l'épouuante,
Et comme elle s'acroit le deſordre s'augmante,
Le bois eſt ébranlé de l'vn à l'autre bout,
Et noſtre peur, & luy font rauage par tout,
En vain pour s'échaper il cherche des iſſuës,
Par tout la preuoyance à des toiles tendues,
L'enceinte de ce bois doit borner ſon effort,
Et lui doit eſtre vn champ de triomphe ou de mort.

MELEAGRE,
ALTEE.

Que ne peut ce danger, si i'en crains la peinture!
Mais s'atisfait de grace au soin de la nature,
Tout ce qui m'apartient est-il viuant & sain?

DEIANIRE.

Vne égalle frayeur me gele tout le sain.

ACASTE.

Madame, i'us qu'icy la fureur de la parque,
N'a fait perdre la vie à personne de marque,
Elle semble au contraire en repecter le cours.

ALTEE.

Dieux, ie vous en rends grace, acheue ton discours.

ACASTE.

Il pleut des traits sur lui, mais sa rage s'en moque,
Il est vn but à tous, & si rien ne le choque,
On ne fait seulement qu'ecixer son dépit,
Et que le réueiller à lors qu'il s'assoupit,
Là tous perdent courage, Atalante piquee
Se retire du bois & lasse & fatiquee,
Voulant se reposer loin du monde & du bruit,
Pour ne la point quitter Meleagre la suit,
A quelque temps de là, plus fraiche, & plus vermeille,

TRAGEDIE.

Que n'est l'aube du iour quand elle se reueille,
On la voit reuenir pour se faire admirer,
Elle bande son arc, & preste de tirer,
Visant d'vne iustesse à nulle autre pareille.
Elle atteint cette beste au dessous de l'oreille,
Le monstre iusque là contre nous ocupé,
S'élance viuemant qu'antil se sent frapé,
Et causant par ce coup vn merueilleux rauage,
Rend mesme sa douleur necessaire à sa rage.
Ce coup si bien donné, comme si bien receu,
Estant assez leger fut plus tard aperceu,
Mais lors que du Sanglier on voit rougir la soie,
Meleagre rauy fàit vn grand cry de ioie,
Mais amis, ce dit-il, en s'adressant à tous,
Ne cherchons pas la gloire, elle n'est pas pour nous,
Elle est pour vne fille aussi belle que forte,
Et la meritant seule, elle seulle l'emporte.
A ces mots que la troupe à pris pour vn affront,
Ie n'en ay veu pas vn dont n'ait rougy le front,
L'honneur les fait agir, l'honneur les fait combatre,
Et c'est l'vnique bien que leur ame idolatre,
Mais voiant qu'vne fille obtient tant de bon heur,
Ils apellent la honte au secours de l'honneur,
Ayant double interest d'acheuer la victoire,
Pour la gloire du prix, & pour leur propre gloire,
Le prince Meleagre alors ma commandé,
De vous donner auis d'vn si beau procedé,

MELEAGRE.
Pour obliger apres la haute renommee,
D'en rendre à Calydon la nouuelle semee,
Et que de là sa voix s'éxerce à publier,
Que la belle Atalante à frapé le Sanglier
Voila quel est mon ordre.

ALTEE.

O triomphe ! ô victoire !
Ie me charge du soin d'en publier la gloire,
Tu peux t'en retourner; O rares qualitez !
O charmante Princesse ! hé grands Dieux, aioutez,
C'est illustre ornement à ma noble famille,

DEIANIRE.

L'adorable valeur ! la genereuse fille !

ALTEE.

Afin de meriter le bien que nous auons,
Allons rendre aux autels, ce que nous leurs deuons.

FIN. DV II. ACTE.

ACTE III.
SCENE PREMIERE.

THESEE, IASON, TOXEE, PLEXIPE,
MELEAGRE, ATALANTE. Chœur.

THESEE.

Eçoy ieune Heros, cette verte couronne,
Telle que par ma main la gloire te la donne,
Et tiens pour assuré que tu viens d'acquerir,
Vn renom si fameux qu'il ne sçauroit mourir.

IASON.

Tandis qu'on te bâtit des dignitez plus amples,
Ombrage de Laurier tes glorieuses temples,
Et puisse son éclat, & sa riche verdeur,

MELEAGRE,

Durer aussi long-temps que ta propre splendeur.

TOXEE.

Victorieux Neueu, reçoy ce nouueau lustre,
Ce prix que ie te donne est vne marque illustre,
Qui fait voir que mettant les fiers monstres a bas,
Ton sang qui vient de nous ne degenere pas.

PLEXIPE.

Pour te feliciter de ta belle conqueste,
Ces fleurs viennent de moy, ie les mets sur ta teste,
Voyant ton cœur épris d'vn magnifique feu,
L'Oncle peut sans rougir auoüer le Neueu.

ATALANTE.

Auecque ces œillets, ces mirtres, & ces roses,
Ie vous fais vn present de mille belles choses,
Montrant que ie cognoy vos gestes signalez,
Et qu'vne fille aussi sçait ce que vous valez.

MELEAGRE.

Seule à tous ces honneurs vous auez dû pretendre
Ie ne les ay receus qu'à fin de vous les rendre,
De ces superbes fleurs l'ombrage si fecond,
Ne me peut faire honneur que dessus vôtre front,
Vôtre rare valeur dont l'effet se remarque,
Ne peut moins meriter qu'vne pareille marque,

TRAGEDIE.

On m'auoit pris pour vous quand on m'a couronné,
Et ie vous ay rauitout ce qu'on ma donne;
Lauriers, donc la splendeur est encore trop basse;
Abandonnez ce lieu reprenez vôtre place,
Et sur le plus beau front quy soit dans l'Vniuers,
Croissez toujours en nombre, & soiez toujours vers,
Belles fleurs, parez la, contentez, mon enuie,
Et prés d'vn si beau teint ne sechez que d'enuie

ATALANTE.

C'est á vous qu'apartient ces éclatant bonheur,
Ne m'étouffez donc pas de vôtre propre honneur,
Et chargez vn peu moins ma teste gémissante,
Sous l'honorable faix d'vne gloire pesante.

MELEAGRE.

Si i'ay fait quelque chose au iugement de tous,
Ce ne fut que par vous & ce n'est que pour vous.

ATALANTE.

Vous auez sur le Monstre emporté la victoire,
Ioüissez donc à plain de vôtre propre gloire,
Et recueillez le fruit que vous auez semé.

MELEAGRE.

Si i'ay fait ce beau coup, vous m'auez animé.

E

MELEAGRE.
ATALANTE.
Vôtre belle action merite vn beau salaire.
MELEAGRE,
Ie n'ay rien fait du tout qu'en vous regardant faire.
ATALANTE,
Par vous le Sanglier tombe mort auiourduy.
MELEAGRE,
Vous m'auez éclairé quand i'ay tiré sus luy.
ATALANTE
Vôtre main pour iamais la priué de lumiere.
MELEAGRE.
Et vôtre belle main la frapé la premiere,
ATALANTE.
Vos traits de cette beste ont trauersé le cœur.
MELEAGRE,
Les vôtre font bien plus (obiet rare, & vaincueur)
ATALANTE.
Ie ne gagnerois rien pour estre opiniatre,

TRAGEDIE.

Vous voulez toujours vaincre alors qu'on veut cõbatre
I'accepte tant de biens dont vous m'embaraſſez,
D'autant mieux que ie ſçay qu'il vous en reſte aſſez,
Et que ie tiens de plus a faueur ſinguliere,
D'auoir tous les rayons que fait vôtre lumiere,
Il n'eſt pas de l'honneur comme d'vn autre bien,
On peut le donner tout ſans qu'on en perde rien.

MELEAGRE.

Ie ne ſuis glorieux que par vôtre merite,
Et ie n'ay de l'honneur qu'au point que ie l'imitte,
Tous doiuent faire ainſi puis qu'il eſt tres certain,
Que vous nous fruſtrez tous par cette belle main,
Que toute mon adreſſe & l'adreſſe d'vn autre,
N'aproche pas encor de l'ombre de la vôtre.

TOXEE.

Voyez que ſon ardeur l'emporte inſolemment.

THESEE.

Il eſt vray qu'elle éclate aſſez viſiblement.

IASON.

Le feu qui le conſomme eſt aſſez remarquable.

PLEXIPE.

Il eſt trop aparent.

E iij

MELEAGRE.
THESEE.
Mais il est pardonnable.
TOXEE.
Hors de mon interest ie lui pardonne tout.

SCENE II.

ACASTE. *suruient & donne la hure à Meleagre.*

Voila de cette horreur quy fut tantost debout,
De ce Sanglier gisant la hure épouuantable,
Et d'vn ennemi mort dépouille redoutable,
Ou se retrace encor l'image du danger.

TOXEE.

Et c'est ce qu'entre nous il faudra partager.

MELEAGRE.

Madame, ces lauriers dont ma main vous couronne,
Et que vôtre valeur, & merite, & se donne.
C'est de vôtre triomphe vn éclatant aueu,
Et vous auez beaucoup, mais vous auez trop peu.

TRAGEDIE.

Voicy de vôtre gloire vn plus grand témoignage,
La hure du Sanglier la montre dauantage,
Vous auez contre luy fait vn trop digne effort,
Et qui la fit viuant la confirmera mort.

THESEE. à Iason.

Ainsi chacun de nous remporte vn beau salaire

TOXEE. à Meleagre.

Prince.

IASON. à Thesee.

Il s'en va lâcher quelque trait de colere.

TOXEE.

I'ay plus d'âge que vous, & vous m'estes nepueu,
Vous consentirez bien que ie vous parle vn peu,
Et que sans vous aigrir contre ma remontrance
Ie me décharge icy de tout ce que ie pense,
Mais vôtre passion se porte vn peu bien haut,
Vous la faittes aller plus viste qu'il ne faut,
Que vôtre jugement & clair, & sans nuage
D'vn procedé pareil déuelope l'ombrage;
Ie sçay que la Princesse a fait vn digne effort,
Et ie serois marry de luy faire aucun tort,
On cognoist la valeur dont son ame est doüée,
Car elle à fort bien fait, & nous l'auons loüée

Mais apres sa loüange en venir à ce point
C'est vne extrémité que ie ne comprens point,
De me persuader que la seule iustice
Vous oblige à luy rendre vn semblable seruice,
Sans qu'vn autre motif y porte vos souhais,
C'est vn intention que vous n'eutes iamais,
Et vôtre bel esprit a trop de cognoissance,
Et de ce qu'il en est, & de ce que i'en pense,
Non non vous agissez d'vn secret mouuement
Qu'au lieu de condamner j'aprouue infiniment,
Honorez sa beauté, rendez-la glorieuse
Enfin couronnez-la comme victorieuse,
Mais de nous mal-traitter afin de la flechir,
Mais de nous dérober afin de l'enrichir,
Et luy donner entier vn prix dont ce me semble,
Estant commun à tous on doit iouir ensemble,
Pour mon seul interest i'en ferois peu de cas
Et si ie souffrois seul ie ne me plaindrois pas,
Mais i'ay honte & regret d'en voir souffrir tant d'autres
Dont les bras genereux ont assisté les nostres,
Empeschez pour le moins en ce glorieux jour,
D'oster à la raison pour donner a l'amour,
Ce qu'à de braues gens vôtre passion nie
Donnez-le par deuoir, & par ceremonies
Tous ont contribué pour le commun bonheur,
Et de nôtre maison c'est mal faire l'honneur.

PLEXIPE.

TRAGEDIE.
PLEXIPE.

Suiuons dans cette affaire vne voye honorable,
Ce qu'il vous vient de dire est fort considerable.

MELEAGRE.

Mes Oncles, ie vous aime en vn point si parfait,
Que si mon bien vous fâche, il me nuit en effet,
Toutes mes passions en mesprisent l'vsage:
D'ailleurs ie tiens Madame, & si bonne & si sage,
Que le prix qu'on luy donne a cause qu'on luy doit
Luy seroit déplaisant s'il vous incommodoit,
Souffrez donc s'il vous plaist, qu'icy ie vous conjure
De penser vn peu mieux de cette procedure,
Que de croire de moy qu'en ce glorieux iour
I'ostasse à la raison pour donner à l'amour.
Ce n'est pas qu'aisément & deuant cette belle
Mon cœur puisse prouuer l'ardeur qu'il a pour elle,
Mais tenez pour certain que iamais ces beaux yeux
Ne verront que ie brule, ou qu'ils le verront mieux,
Ma passion n'est pas si lâche, ni si noire
Qu'elle aille s'auancer par vôtre propre gloire:
Et si i'ay quelque iour a prouuer mon transport,
Ce sera si ie puis sans vous faire du tort,
Et moy mesme & par moy, feray voir que ie brûle,
Moy-mesme, forceray cette ieune incredule,
A voir ma passion claire comme le iour

F

MELEAGRE,

Sans prendre à la raison pour donner à l'amour.
Mes Oncles, il est iuste & plus que raisonnable,
De ne pas méprifer vne Nimphe adorable,
Dont la compaßion nous daigne secourir,
Elle a bleßé la beste, & ie l'ay fait mourir,
Nous triomphons tous deux de toute l'auenture,
Madame est couronnee, & i'emporte la hure,
On luy donne son prix, ie luy cede le mien,
Souffrez que i'en dispose, & laißez luy son bien.
Quant de nôtre victoire elle n'eut esté cause,
Le sexe, & la beauté meritoient quelque chose:
A ces ieunes heros ma procedure plaist,
Sans voir ce qu'elle a fait, pensez à ce qu'elle est,
Regardez si pour elle on peut & doit moins faire,
Et vous confesserez loin d'en estre en colere,
La voyant éclatter mieux que l'Astre du iour,
Que la mesme raison donneroit à l'amour.

THESEE.

Flattons à peu de frais son ardeur violante,
Ouy i'en cede ma part à la belle Atalante.

IASON.

Ie confesse tout haut que ie n'y pretens rien.

TOXEE.

Et moy i'ay resolu de deffendre mon bien.

TRAGEDIE.
PLEXIPE.

Elle ne l'aura pas où i'y perdray la vie.

ATALANTE.

Que la mienne déja ne m'est elle rauie,
Plutost que de causer vos funestes debas?

MELEAGRE.

Gardez la bien, Madame, & ne la rendez pas,
Permettez s'il vous plaist que la raison vous guide,
Au don que i'en ay fait la iustice preside,
Et ie vous la demande, accordez moy ce point,
De grace.

TOXEE.

Mon Neueu, cela ne sera point.

MELEAGRE.

Ie ne souffrirois pas qu'on luy fit insolence.

PLEXIPE arrache la hure à Atalante & s'enfuit, son frere le suit, & Meleagre apres.

Mon frere elle est à nous, fuions sa violence.

THESEE.

Ils se cognoissent bien, retirons-nous Iason,

F ij

Et ne seruons iamais vne ingrate maison.

SCENE III.

ATALANTE seule.

Que ton cœur est touché d'vne crainte puisante,
Et que tu fais de mal, miserable Inocente?
Falloit-il souhaitter vn vain titre, vn vain rang,
Pour voir à ton suiet le sang contre le sang?
Que tu vas bien payer de honte & de misere,
Cet éclat sourcilleux, cette noble chimere?
Et que ta passion éprouue déia bien
Que le bien qui tourmente est vn étrange bien!
Ils sont deux contre luy, bons Dieux! est-il possible,
De respirer encore à moins qu'estre insensible?
S'il meurt il peut bien dire, ô douleur! ô transport!
La cruelle Atalante est cause de ma mort;
Si de ces insolens il reprime l'audace,
Mais quoy qu'il en arriue & qu'est-ce? & que sera-ce?
Ie crains de tous costez vn triste éuenement,
Mais helas s'il mouroit, ie mourrois doublement,
Vn tendre sentiment dans mon cœur vient de naistre,
Ou pour vn homicide, ou pour vn mort peut estre.

TRAGEDIE.

SCENE IV.
MELEAGRE, ATALANTE,

MELEAGRE reuiét l'éspee sanglāte, & la hure en sa main.

LE sang de l'vn & l'autre a laué ce forfait,
Les perfides sont morts.

ATALANTE.

Hé dieux ! qu'auez-vous fait ?
Ie craignois deux grands maux, leur trépas & le vôtre
Mais si ie meurs de l'vn, qu'eu say-je fait pour l'autre ?
Bien qu'il semble auancer mes iours infortunez,
Ie n'ay pas tout perdu puis que vous reuenez.

MELEAGRE.

Ouy ie reuiens, Madame, & vous rends la victoire,
Dont cet orgueilleux sang a releué la gloire.

ATALANTE.
C'est le vôtre.

MELEAGRE.

Le mien ? & ne sçauez vous pas
Qu'il est respectueux à vos moindres apas,

Qu'il ne se porte point à telle violence,
Et qu'il brule d'amour, & non pas d'insolence?
Mon sang nourrit pour vous vn brasier immortel,
Et ce seroit mon sang s'il auoit esté tel,
Enfin i'en ay trempé ma vengeresse lame,
Et i'ay sauué le bien que ie vous rens Madame.

ATALANTE.

Helas ce triste bien m'est tristement rendu,
Et qui le sauue ainsi deuroit l'auoir perdu,
Mais que dira la Reine en sçachant la nouuelle?

MELEAGRE.

S'ils auoient entrepris de me faire querelle,
Il falloit m'offencer auec plus de couleur,
Et si i'ay mon deuoir, ils ont aussi le leur,
Ie sçay de quel lien nous serroit la nature,
Mais ma vengeance est iuste en pareille auenture,
Elle rompt sans faillir cette étroitte vnion,
Et là permet au sang vne rebellion.
    Mais changeõs de discours, & que vôtre ennui cesse,
Sera-ce pour touiours, Adorable Princesse,
Que mon demy bonheur ne voudra m'obliger
Qu'à vous faire iustice, ou bien à vous vanger?
Ne vous rendray-ie point quelque parfait seruice,
Et que ma passion toute seule fournisse;
Ou l'amour agissant de son simple pouuoir,

N'ait rien a démesler auecque le deuoir?
Qu'ay-ie fait auiourd'huy de grand de necessaire,
Qu'vn deuoir bien commun ne m'eut forcé de faire,
Dans le parfait bonheur où mon ame à vécu,
Ie vous ay couronnee, & vous auez vaincu,
I'ay tué le Sanglier, vous en donnant la hure
Il a receu de vous sa premiere blessure,
I'ay mis auec mon cœur ce present a vos piez,
Et ie vous ay rendu ce que vous meritiez,
De vos diuines mains des gens l'ont arrachee,
Et ie les ay punis de vous auoir fâchee,
D'vne vie amoureuse, ô l'inutille jour
Où i'ay peu fait pour vous, & moins pour mon amour!

ATALANTE.

Vous pouuez me reduire en me voulant confondre
A la necessité de ne pouuoir répondre,
Si vous voulez nier que vous ayez fait rien,
Apres m'auoir seruie, & trop mal, & trop bien,
Mais s'il vous plaist aussi que ie vous recognoisse,
Et que dans son beau iour vôtre fait m'aparoisse,
Ma bouche vous dira pour tout remerciment,
Que mon cœur en conçoy vn vray ressentiment;
Et si vous voulez bien qu'auec quelque aparence,
I'égale le seruice à la recognoissance,
Mon ame entierement à vos yeux s'ouurira,
Et vous estimerez ce qui me coûtera;

Vous verrez les rayons d'une flame assez promte,
Les agitations d'une débile honte,
Et le grand embaras qui se fait dans un cœur,
Dont une passion déloge la pudeur,
Bien plus (me resoudray-ie à franchir ces limites?
Ouy la raison l'ordonne, ainsi que vos merites,
Et si c'est un peché d'aimer ce qui le vaut,
Il n'en est pas plus grand pour le dire tout haut)
Vous verrez que pour vous ma flame est assez forte,
Et qu'elle va si loin, que mesme elle le porte,
Iusqu'à ces mouuemens recelez dans le fons,
Que nous n'exprimons pas, & que nous ressentons.
Iugez apres cela de quoy ie suis capable,
Et si ie vous doy plus, que ie suis insoluable.

MELEAGRE.

O Dieux! pour n'estre pas tout à fait transporté
I'appelle de l'excez d'une telle bonté,
Meslez de l'amertume au bien qu'amour m'enuoye,
Et ne me faites pas mourir d'un coup de joye,
Parolles dont la force ouuriroit des cercueils,
Et de mon desespoir inuisibles écueils,
Que ie serois heureux, adorables fumées,
Si ie respirois l'air dont on vous à formees,
Beaux mots, que n'estes vous mille fois prononcez
Et pourquoy mourez vous si tost que vous naissez?
Mais, au nom de l'Amour, quant sera-ce Madame,

Que

Que vous me ferez voir qu'ils sont partis de l'ame,
Puis que vous cognoissez la grandeur de mon sang,
Et que ma passion est digne de mon rang?

ATALANTE.

Ie ne vous montre pas des sentimens si fermes,
Et ne vous parle pas en de semblables termes,
Pour ne vous point donner ny mon cœur, ny ma foy.

MELEAGRE.

Et ie vous donne tout lors que ie les reçoy.

ATALANTE.

Mais à quoy pensons nous en l'estat que nous sommes,
Funestes instrumens de la mort de deux hommes,
De nous entretenir & de noce, & d'Amour,
Sur tout quand vôtre crime à bruit fait à la Cour?
La Reine qui le sçait peut estre vous déteste
Et ie crains la dessus quelque accident funeste.

MELEAGRE.

La Reine les aymoit, & ie ne doute pas,
Que me sçachant l'autheur de ce double trépas,
Il ne faille essuyer des foudres de colere,
Mais ie suis toujours fils comme elle est toujours mere,
Retournons au Chateau, si ie n'apaisse tout,
Malaisément un autre en viendra t'il à bout.

G

MELEAGRE.
ATALANTE.

I'aprehende beaucoup du costé de la Reine,
Mais faittes iuste Ciel, que ma crainte soit vaine.

FIN. DV. III.
ACTE.

ACTE IV.
SCENE PREMIERE.
ALTEE, DEIANIRE, ACASTE.

ALTEE, toute en desordre.

V sont-ils, ou sont-ils?

ACASTE.
Madame, c'est plus loin,
Que d'vn tel accident i'ay paru le témoin.

ALTEE.
O des pressentimens de mon sort lamantable,
Suitte toute funeste, & toute pitoyable,
Qui pour combler mes iours d'vn éternel soucy,
A mon tres grand malheur n'a que trop réussi,

g ij

Puis-je bien soustenir le coup que tu m'enuoyes,
Ciel ennemy juré de mes plus tendres joyes,
Qui sans auoir tonné sur mes pieux desirs,
En écoutant mes veux foudroyois mes plaisirs!
Ton front me paressoit si serain & si calme,
Tu donnois le cypres en presentant la palme,
Ie semblois de tes soins estre l'unique objet,
Et j'acusois mes yeux de pleurer sans sujet,
Mais i'en faisois sortir vne double riuiere,
Lors que tu m'en formois la cruelle matiere,
Iniuste autheur des maux qu'on me voit ressentir,
Lâche qui m'as frapé sans m'en faire auertir,
Et dont la cruauté.

DEIANIRE. tout bas.

Dieux ! comme elle blaspheme.

ALTEE. poursuit.

Se plait à m'arracher moy mesme de moy mesme,
Mais que dy-je ? ou m'emporte vne aueugle douleur,
Qui ne discerne pas ce qui fait son malheur?
Ma propre destinee à fait mon auenture,
Le Ciel est inocent de tout ce que i'endure,
Ou si pour mon nauffrage il doit estre acusé,
C'est de l'auoir permis, non de l'auoir causé,
Mais quoy ie me plaindrois d'vne vulgaire chose,
La fortune trauaille, & le ciel se repose,

TRAGEDIE.

Il voit agir souuent la colere du sort,
Et s'il n'oblige pas, il ne fait point de tort.
Bien loin de l'acuser par vne iniuste plainte,
C'est luy qui m'a donné ces mouuemens de crainte,
Il m'a touché le cœur mille fois auiourd'huy,
Et cent auis secrets me sont venus de luy.
Mais rien ne m'a seruy, la preuoyance humaine
Soulage rarement, & croist touiours la peine,
Aussi qui peut fuir des maux enuenimez,
Dont mesme on est atteint deuant qu'ils soient formez.
Tous deux ? ha c'est icy que l'ingrate fortune,
Exerce puissamment sa derniere rancune!
Voila de sa colere vn effet non commun,
Et c'estoit la le coup de n'en laisser pas vn;
Ce seroit vn malheur trop petit que le nôtre,
Et le salut de l'vn consoleroit de l'autre,
Sa rage, si des deux vn seul m'estoit resté
N'auroit pas le plaisir de m'auoir tout osté,
Il falloit qu'vn Sanglier faisant ces deux carnages,
Par son commandement me fit de vrais outrages,
Et que son écumant, & furieux pouuoir,
Déchirast auec eux ce que i'auois d'éspoir.

ACASTE. à Deianire assez bas.

Madame ne sçait pas que le prince luy mesme,
Les à tuez tous deux dans sa colere extrême,
Mais croit que le Sanglier ait abregé leurs iours,

G iij

MELEAGRE,
DEIANIRE.

Elle à cette creance, & l'eut elle toujours!
Garde qu'imprudemment ta voix ne le reuele.

ALTEE.

Nous aprenons, ma fille, vne étrange nouuelle,
Nous reseruions ce iour comme vn iour de bonheur,
Au triomphe brillant, à la gloire, à l'honneur,
Quy deuoient de mon fils illustrer la victoire,
Quel triomphe! quel iour! quel honneur! quelle gloire!
Le iour est malheureux qui luit à tant de dueil,
La gloire à regretter ouurant double cercueil,
L'honneur qui fait pleurer n'est ny beau ny celebre.
Et le triomphe est laid dont la pompe est funebre,
Arrousons de nos pleurs de si tristes lauriers,
Et rendons à la mort les offices derniers.

DEIANIRE.

Madame, i'ay ma part à toute vos allarmes,
Mes larmes ont l'honneur d'accompagner vos larmes,
Et vôtre maiesté me pardonnera bien,
Si ie dy que mon mal est plus grand que le sien,
Auècque mon fardeau i'en porte encore vn autre,
Puis qu'auec ma douleur ie sens aussy la vôtre,
Que ma compassion considere en vn point,
Dont ie sçai qu'en effet d'autres n'aprochent point,

Mais que vôtre bonté souffre que ie vous die,
Qu'il ne faut pas soy mesme aigrir sa maladie,
Et qu'en des accidens dont le coup est pareil,
La raison doit fournir vn soudain apareil,
Et surtout (permettez que ie vous le propose)
Il faut tout pardonner à quiconque en est cause,
Puisque le maltalant qui vous en resteroit,
Vous satisferoit moins qu'il ne vous troubleroit.

ALTEE.

Quoy pardonner aux dieux ? ha simple Deianire,
Quelle est vôtre pensee, & que voulez vous dire?
Le pardon seroit vain qu'on leur voudroit offrir,
S'ils ont droit de tout faire, & qu'on doit tout souffrir,

DEIANIRE.

Vous ne m'entendez pas.

ALTEE.

   Mais Acaste, de grace,
Montres moy cette triste, & malheureuse place.

ACASTE.

Ie vous y vay mener.

ALTEE.

    Prenez en le soucy.

MELEAGRE,
Pour vous, ny venez point, mais demeurez icy.

DEIANIRE.

Hé pourquoy?

ALTEE.

Demeurez, qu'en ce lieu l'on m'attende.

DEIANIRE.

Madame, s'il vous plaist.

ALTEE.

Non ie vous le commande,
Par ces obiets sanglans que ie mapreste à voir,
Ce ieune, & foible esprit pouroit bien s'emouuoir.

※※※※※※※※※※※※※※※※

SCENE II.

DEIANIRE seule.

APuy de l'Vniuers, diuine prouidence,
Qui confons les desseins de l'humaine prudence,
Détermine à son point vn bisare destin,
Et conclus nôtre sort par vne heureuse fin,

plus

Plus mon esprit y pense, & la dessus raisonne,
Moins i'y trouue de iour, & plus ie m'en estonné,
Nous estions affligez d'vn mal pernicieux,
Vn pire nous en sauue, & nous tourmente mieux,
Meleagre s'aquiert du blâme, & de l'estime
Fait vn coup de merite, & puis commet vn crime,
Et confondant le vice auecque la vertu,
Mes Oncles sont tuez, le Sanglier abattu :
I'ay pitié de la Reine, & ie crains pour mon frere,
Quand elle s'instruira de ce triste mystere,
Elle parle de luy comme d'vn fils bien cher,
Et de ses freres morts preparant le bucher,
Ignorante quelle est du secret de la chose,
D'vn effet qu'elle plaint elle benit la cause,
Hà Dieux elle reuient !

H

SCENE III.

ALTEE, ACASTE, DEIANIRE,
MELEAGRE, & ATALANTE,
Entrant tous deux par vn autre costé.

ACASTE.

Quelqu'vn asseurément
Les aura fait porter à leur appartement.

ALTEE.

En ce triste deuoir on m'aura preuenue,
Allons-nous en les voir: Mais, bons Dieux, quelle
veuë!

ATALANTE. à Meleagre,

Mettez-vous en estat d'impetrer vn pardon.

ALTEE.

Hà, mon fils est-ce vous?

TRAGEDIE,

ATALANTE.

J'espere de ce nom.

MELEAGRE.

Sans vn cruel malheur dont ie porte le blâme,
En cette qualité ce seroit moy, madame:
Mais par ce que i'ay fait, & parce que ie voy,
Ie crains tres iustement que ce ne soit plus moy,
Ie ne puis aporter qu'vne mauuaise excuse,
Et pour bien me deffendre, il faut que ie m'accuse;
Ouy, Madame, & ma mere (endurez s'il vous plaist
Que i'vse de ce mot doux, & fort comme il est.)
Ouy mes Oncles sont morts par vn malheur extreme,
Et si vous les pleurez, ie les pleure moy mesme,
Mon cœur en est outré par vn regret amer,
Que ma voix sans mon cœur ne peut bien exprimer,
Mais croyez s'il vous plaist, & ie vous en coniure,
Que tout ce qui causa la funeste auanture,
D'ou vostre affliction, & d'ou la mienne part,
Ce fut vne insolence ou ie n'eus point de part,
Et de l'ame, & du cœur ie vous ay respectee,
Par là mon esperance est doucement tentee,
Et l'on peut remarquer qu'en tout ce que ie fis,
Estant mauuais Neueu, ie fus toujours bon fils,
Meleagre iamais de la moindre penssee,
Ne crût en ce qu'il fit vous auoir offencee,

H ij

Et faisant éclatter vôtre couroux sur luy,
Vous ne sçauriez vanger que l'iniure d'autruy.
Contre vous toutefois ie m'estime coupable,
Afin de n'estre pas du pardon incapable,
Et que vôtre pitié daigne bien m'accorder,
La grace qu'à genoux i'ose luy demander:
Mais en doy-ie esperer vne faueur legere,
Quand le fils supliant est aux pieds de la mere,
Et que n'emporteray-je en vn point ou ie voy,
Que vôtre propre sang intercede pour moy?

ALTEE.

Illustre, & cher payement de mes cheres souffrantes,
Ou viennent aboutir toutes mes esperances,
Ie ne t'accuse point d'auoir fait ma douleur,
Et ne te blâme point de mon propre malheur,
Le Ciel repand sur moy sa cruelle rancune,
Et tu ne répons pas des coups de la fortune,
De ces visibles traits ie suis le triste blanc,
C'est elle qui me frape, & ce n'est pas mon sang,
Elle est mon ennemie, & si i'ay peine mesme
A la pouuoir hair voyant comme elle t'aime,
Et comme en m'outrageant elle te satisfait,
Et paye de ton bien le mal qu'elle me fait,
Sur mes plus doux tresors l'inhumaine foudroye,
Mais elle te remplit de bonheur, & de ioye,

TRAGEDIE,

Et luy disant iniure il me faut la flater,
Puis qu'il me reste en toy ce qu'elle peut m'oster,
Et que ton cher salut qu'elle mesme ménage,
Empesche ma douleur de deffier sa rage,
Pourtant ie m'en dédis puis que ie recognoy,
Que l'ingratte quelle est ne peut rien dessus toy.
Mais pense mieux des pleurs dont tu me vois baignee,
Et qu'en te regardant ie suis bien éloignee,
De te iuger autheur de ce coup si fatal,
Et de croire mon bien la cause de mon mal,
Ie sçay que tes parens marcherent sur ta trace,
En cette glorieuse, & deplorable chasse,
Qu'ils furent auec toy, qu'ils suiuirent tes pas,
Que tu reuiens sans eux, qu'ils ne te suiuent pas,
Que leur mauuais genie ennemi de leur gloire,
Fait d'vn iour éclatant vne nuit triste & noire,
Que leur temerité ne se peut excuser,
Mais ie sçay bien aussi qui i'en dois accuser.

ATALANTE.

Madame, rien que moy.

ALTEE.

De ce malheur extreme,
Ie n'en doy, ie n'en veux acuser que moy mesme,
Et t'acorde vn pardon te voyant en ce point,
Que n'ayant pas failly tu ne merites point.

H iij

ATALANTE.

O bonté merueilleuse!

MELEAGRE, à Atalante

Hé bien que vous ensemble!

DEIANIRE. à Acaste.

Ils ne s'entendent pas, & se parlent ensemble,
Et fasse le destin pour le bien de nos iours,
Que l'équiuoque entr'eux puisse durer touiours.

ALTEE. à Meleagre.

Voy mon sang bien aimé, que i'ay pour ta personne,
Les tendres sentimens que la nature donne,
Et que mon amitié ne veut rien épargner,
Dans les ocasions de te le témoigner,
Victorieux obiet, Princesse que i'embrasse,
Mon ame par ma voix vous demande vne grace.

ATALANTE.

Et moy ie mets aux pieds de vôtre Majesté
Mon ame, mes desirs, mon cœur, ma volonté,

ALTEE.

Me la promettez vous?

TRAGEDIE

ATALANTE.

Madame, ie suis preste,
A vous sacrifier, & mon sang, & ma teste.

ALTEE.

Ie n'ay pas contre vous vn si cruel dessein,
Aprochez seulement, & donnez vôtre main,
Souffrez que Meleagre aussi donne la sienne,
Qu'ainsi que vos deux mains vôtre foy s'entretienne,
Et que dés auiourd'huy pour obliger mes vœux,
Le flambeau de l'hymen éclaire sur vous deux,
Vous me l'auez promis.

ATALANTE.

Et ie consens Madame,
Que vôtre Majesté dispose de mon ame.

MELEAGRE.

O sang ! de qu'els effets ne viens tu pas à bout.

ALTEE.

Ie n'ay plus qu'a pleurer ayant mis ordre à tout.

ATALANTE.

Et moy ie n'aurois plus qu'a goûter vne ioye,
Pure, & telle en effet que le Ciel me l'enuoye,

MELEAGRE,

Si i'auois ce bonheur que quelque autre que moy,
Eut formé le suiet des larmes que ie voy,
Car, Madame, il est vray qu'alors que ie médite,
Sur le present fatal d'vne hure maudite,
Quy cause la douleur que vôtre ame ressent,
Dont ie me recognoy le principe inocent,
Quelque si doux plaisir qui se mesle à ma vie,
Ie n'ay de la goûter le pouuoir ny l'enuie,
Mon cœur de ses douceurs n'est que mal satisfait,
Et ie la hay touiours du mal qu'elle vous fait,
De vos iniustes maux portant le iuste blâme,

ALTEE.

Vous, ma fille, et pourquoy?

MELEAGRE.

N'en croyez rien, Madame,
C'est sa bonté qui parle, et sa mesme bonté
Se plaist à se charger de mon iniquité,
Mais on ne sçait que trop que ma fatale épée,
Des iours de mes parens à la trame coupee,
En despit seulement de leur esprit jaloux,
Dont le trop d'insolence attira mon couroux.

ALTEE.

Quoy c'est vous? ô grand Dieux! Ha que ne suis-je morte!

MELEAGRE

TRAGEDIE.
MELEAGRE.

Vôtre mesme regret m'afflige, & me transporte,

ALTEE.

Cieux, tonnez, foudroiez,

MELEAGRE,

Hé quest-ce que ie voy?

ATALANTE.

Ha comme elle est changee!

ALTEE. se pasmant

O terre, engloutis moy!

DEIANIRE. la soutenant à Meleagre,

Considere, cruel, que ce cœur qui trespasse
A iugé le Sanglier autheur de sa disgrace,
Et na pas estimé ton courage inhumain,
Iusqu'au point que leur mort fut vn coup de ta main.

ATALANTE.

Elle s'est donc méprise, ô pitoyable chose!
O de nouueau malheur toujours nouuelle cause!
Que n'ay-ié esté muette en ce fatal moment.

I

MELEAGRE,

ALTEE. fumeuse.

Quoy monstre que ie fis pour mon propre tourment,
Aux loix de la nature affront irreparable,
Et d'vn cœur maternel repentir execrable,
Vne iuste pitié n'a donc sçeu te toucher,
Tigre, qui bois ton sang, & qui manges ta chair!
Tu traittes tes parens comme tes auersaires,
Et tu laues tes mains dans le sang de mes freres,
Doublement parricide, assassin monstrueux,
Ie te donne vne vie, & tu m'en ostes deux!
Mais ie ne pretens pas, abominable peste,
Te faire bon marché de celle qui me reste,
Tu veux auoir mon cœur, tu le veux arracher,
Mais tiens pour asseuré qu'il te coutera cher.

Sus sus resolument il faut que i'abandonne
Tous ces vains sentimens qu'vn vain titre me donne,
Ie ne tiens plus au sang que d'vn foible lien,
Et me sens peu de chose à quy ne m'est plus rien.

Mornes diuinitez, vengeances effroyables,
Quy tourmentez là bas des Ombre pitoyables,
Venez, venez en foule, entrez moy dans le sein,
Et de vos noirs flambeaux éclairez mon dessein,
Seruez la passion d'vne sœur affligee,
Et contre vn enragé que ie sois enragee,
Rendons à la nature vn deuoir bien cuisant,
Et faisons la trembler en luy satisfaisant,

TRAGEDIE.

Que des rages d'Enfer les sifflantes couleuures,
D'vn venin sale & noir empoisonnent mes œuures,
Qu'vn crime contre nous soit par nous chastié,
Enfin sans écouter ny raison, ny pitié,
Faisons encore plus que l'ingrat n'a pû faire,
Et de ce digne fils prouuons nous digne mere.

Quoy me crains tu, Cruel? non ne recule pas,
Ne crains point que ma main te donne le trepas,
Qu'à cet indigne office elle soit occupee,
Ny que pour te punir ie saute à ton épee,
Ma seule passion pour faire ce qu'il faut,
N'a qu'à ioindre les mains, & regarder en haut,
Ouï (de mon couroux Effroyable victime)
Les Dieux qui l'ont permis authorisent ton crime,
Souuiens toy que sans eux quoy qu'il puisse auenir,
I'ay dequoy me vanger, & de quoy te punir;
Et ne presume pas ma vengeance petite,
Puis que i'ay mesme horreur pour ce que ie medite,
Sçache que ma fureur ne se peut endormir,
Et si tu t'aymes bien, commence de fremir.

ATALANTE.

Ie n'oy qu'auec frayeur ces terribles parolles,
Dieux, rendez s'il vous plaist ses menaces friuolles.

MELEAGRE. à genoux.

Reprenez vous le bien que vous m'auez donné,

MELEAGRE.
Et vous repentez vous de m'auoir pardonné?

ALTEE.

Mon digne mouuement que le Ciel authorise,
Fait d'vne douleur iuste vne rage permise.

DEIANIRE.

Comme soudainement son tein vient de blemir.

ALTEE.

Ouy, si tu t'aimes bien, commence de fremir,
Mais peux tu si long-temps souffrir l'horrible veuë
D'vn malheureux serpent dont le venin te tuë!
De ce Monstre insolent fuy le coupable abord,
Et ne tourne iamais tes yeux que sur sa mort.

TRAGEDIE.

SCENE IV.
ATALANTE, MELEAGRE.
ATALANTE

HE bien que pensés vous d'vne telle auanture?

MELEAGRE.

Laissons y trauailler le temps & la nature,
Elle en doit receuoir vn sensible conseil
Et c'est la de nos maus le meilleur apareil.

ATALANTE.

La colere quelle à fait trembler Atalante.

MELEAGRE.

Elle ne peut durer estant si violente,
Nous pourons sans l'aigrir en voir le cours cessé,
Et l'on m'écoutera quand tout sera passé:
    Mais allons s'il vous plaist conclure l'hymenee,
Qui doit rendre à iamais mon ame fortunee.

I iij

MELEAGRE,
Et pour ne rien troubler auparauant la nuit,
Faisons que tout se passe, & sans pompe & sans bruit,
Allors que nous verrons la tristesse finie,
Nous donnerons du temps à la Ceremonie.

ATALANTE.

Empêche donc le Ciel fauorable à nos vœux,
Que ce ne soit vn bien funeste à tous les deux.

FIN DV IIII.
ACTE.

ACTE V.

SCENE SECONDE,

MELEAGRE & ATALANTE mariez.

MELEAGRE.

Ous sommes beaucoup mieux dans
 cette verte Plaine,
Qu'au lieu qui retentit des clameurs de
 la Reine.
M'empechant de gouter assez paisi-
blement,
Les sensibles douceurs de mon rauissement,
 Beaux arbres, belles fleurs, agreable verdure,
Ou l'œil de tous costez voit rire la nature,
Cette diuinité qui triomphe de moy,
Par deux fois deuant vous ma presenté sa foy,
Et vous estes témoins, doux obiets de ma veuë
Qu'elle me la donnée, & que ie l'ay receuë

MELEAGRE,

Or c'est bien la raison que vous sçachiez aussi,
Que mes heureux proiets ont fort bien reüssy,
Que ie goûte vn bonheur dux amans exemplaire,
Et que mes doux trauaux ont receu leur salaire,
Mon ame, qu'aucun bien ne nous soit interdit,
Et redisons icy ce que nous auons dit.

ATALANTE.

Maintenant que le Ciel authorise ma flame,
Que ie puis sans rougir manifester mon ame,
Et vous en découurir la glorieuse ardeur
Sans que ie fasse iniure à l'honneste pudeur,
Ie dois & veux tenir vn plus libre langage,
Et i'ay bien resolu d'en dire dauantage,
Pour vous rendre bien aise, & pour vous faire voir,
Ma sensibilité comme vôtre pouuoir,
A ne vous point mentir, vous receûtes naguere,
Vne foy presentee à la façon vulgaire,
Et ie vous la donnay, mais vous l'auiez dé-ja,
Car des que ie vous vy mon ame s'angagea,
Et si des ce moment ma timide pensee,
Par vne iuste loy n'eut trop esté forcée,
I'eusse autrement parlé vous presentant ce bien,
Et ie n'eusse pas dit, tenez, mais gardez bien.
De fait, quand le renom porta dans la prouince,
Ou mon pere commande en qualité de prince,
De vostre affliction la cognoissance à tous,

On

TRAGEDIE.

On parla du Sanglier mais on parla de vous,
Là ma naissante ardeur fit vne ieune ruse,
Et i'aimay le Sanglier à cause de l'excuse,
Publiant hautement le dessein que i'auois,
D'épuiser contre luy ce glorieux carquois,
Ie couuris vn beau feu d'vne assez belle cendre,
Et ie ne vins chasser que pour me faire prendre.
Qu'auez vous ?

MELEAGRE.

    Ie ne sçay si ce charmant aueu,
Cause en moy cette ardeur, mais ie suis tout en feu,
Continuez pourtant, & souffrez que ie pâmme,
Dans ce diuin recit qui transporte mon ame.

ATALANTE.

Que vous estes changé ! bons Dieux ! hé qu'auez
 vous ?

MELEAGRE.

Ie brule, mais parlez, ce discours m'est si doux.

ATALANTE.

Helas ! que puis-ie dire en l'estat où vous estes,
Et sur tout regardant quelle mine vous faittes !
          K

MELEAGRE,
MELEAGRE.

O Ciel ! ie n'en puis plus, ie souffre des douleurs,
Qui de ma mere mesme arracheroient des pleurs,
De moment en moment tous mes maux s'acumulent,
Et mon corps se consomme, & mes entrailles brulent.

ATALANTE.

Hé d'ou vous peut venir vn si soudain tourment?

MELEAGRE.

Ha le couroux du Ciel frape visiblement!
Il compose le feu dont l'ardeur me consume,
Et le vœu maternel est tout ce qu'il alume.
Chere foy, que ie garde, agreable depost,
Faut-il se disposer à vous rendre si tost,
Helas! vous ne venez que de m'estre donnee,
Et dé-ja le trepas rompt ce bel hymenee,
Inocentes douceurs, & que i'allois goûter,
Combien i'ay de regret qu'il vous faille quitter,
Et que si lâchement d'vn corps, vne ame sorte,
Sans vous auoir montré l'amour qu'elle vous porte!

ATALANTE.

Quoy m'allez vous quitter? cedez vous à ce feu?
Et ce que ie vous suis le seray-ie si peu?
Quoy faut-il que le sort du mal ou ie me treuue,

TRAGEDIE.

Me déclare en vn iour, Amante, Femme, & veuue?
Que le Ciel de mon bien j'alousement outré,
Au lieu de me donner m'ait seulement môntré,
Qu'vn iniuste cercueil couure vne belle vie,
Et que i'auois rendue, & que i'auois rauie?
Qu'on renuerse vn bon-heur qui vient d'estre debout,
Bref que ie gagne tout, & que ie perde tout!
Non non, mon cher mary, ie suis bien asseuree,
Que mes iours, & les tiens auront mesme duree,
Et quand bien tu serois en vn plus triste point,
Le regret de ta mort ne me restera point,
Car fusses-tu brulé par des flames plus viues,
Ie mouray deuant toy quelque peu que tu viues.

MELEAGRE.

Hà! mots qui me fendez le cœur par la moitié
Et qui m'attendrissez d'amour, & de pitié,
Helas ne sortez plus de cette belle bouche,
Qui fait voir qu'elle m'ayme, & que mon mal l'a-
touche,
Et ne me môntrez pas quand ie tombe aux enfers,
Le magnifique prix du thresor que ie pers,
Va, laisse moy mourir, ma gloire est consommee,
Et i'ay vêcu beaucoup t'ayant beaucoup aymee,
I'auois à le prouuer, & si ie l'eusse fait,
En dépit du destin ie mourois satisfait,
Non, trop aimable obiet de l'ennuy qui me presse,
Ce n'est point le regret de perdre vne ieunesse,

K ij

Dont la gloire & l'amour furent tout l'ornement
Qui fait que ie m'attriste en ce dernier moment,
Ie n'apelle mon sort ny cruel, ny barbare,
Ie me plain seulement du coup qui nous sepâre;
Voyla ce qui me trouble, & qui m'afflige tant,
C'est tout ce que ma vie a d'amer me quittant,
Et ie me la tiendrois suffisamment renduë
Si tu me demeurois quand ie l'auray perduë.

ATALANTE.

Croy quand mon cher mary ne sera plus viuant,
Que si ie ne le suy, i'auray marché deuant,
Ie n'ay pas dans le cœur vne pudique flame,
Ie ne t'ay pas donné ny ma foy, ny mon ame,
Et le Ciel inuoqué n'en fut pas le témoin,
Pour me voir lâchement te manquer au besoin,
si jamais.

MELEAGRE.

Dieux, ie sens ma vigueur amortie,
O douleur peu cognuë, & beaucoup ressentie,
C'en est fait, peu s'en faut, méne moy, mon soucy,
Dedans cette cabane assez proche d'icy,
Là pour me soulager de ma peine profonde,
Ie verray mes amis, mes sœurs, & tout le monde,
Là ie seray témoin de leurs derniers regrets,
Et nous disposerons de nos chers interests.

TRAGEDIE

Mais sur tout, & le Ciel veut bien que ie l'espere,
Que ie puisse parler à la Reine ma mere,
Que ie baise sa main estant prés du trepas,
Et qu'enfin sa pitié ne le dedaigne pas.

ATALANTE.

O desastre plus fort que raison, ny courage!
Funeste, pitoyable, & triste mariage,
Ou tout ce que la femme à de cher, & de doux,
Est de fermer les yeux à son mourant époux!

SCENE III.

ALTEE. seule & le tison ardent à la main

Seule, & sans estre ouye, accomplis ta vengeance,
Porte la furieuse, au de la de l'offence,
Laisse bruler ce bois & croistre ton forfait,
Et n'en empesche point l'épouuantable effet.
Pieuse impieté, noire, & terrible source,
D'ou ma iuste fureur prend sa damnable course,
Voy si mon sacrifice, & te charme, & te plaist
Et regarde sur tout qu'elle victime c'est,
Enfer, ou l'on reçoit sa peine legitime,

K iij

Voy la punition plus noire que le crime,
Contemple auec frayeur ce qu'vne mere fait,
Et fremis en voyant ce qui la satisfait,
Qu'elle trouue commun ce qui te semble étrange,
Voy voy que ie me vange, & comment ie me vange,
Ie sçay bien que i'entasse horreur dessus horreur,
Et mets meurtre sus meurtre, & fureur sus fureur.
Mais par là seulement ma rage est assoupie,
Et ie veux acabler vne maison impie.

Ha fils! mais bien plutost monstre qui més hideux,
Puis que ce nom si beau perit entre nous deux,
Qu'autrefois ne laissay-ie du milieu de la flame,
Ce bois où les trois sœurs attacherent ta trame,
Pourquoy ma pieté l'osta t'elle du feu,
Helas i'en auois trop! helas i'en ay trop peu!
Sa conseruation fut toute mon ennuie,
Et tu me dois deux fois ta miserable vie,
O cruelle pensee en l'estat où ie suis!
C'est par mon seul moyen que tu vécus depuis,
Et i'ay ce deplaisir, où t'on peché me l'oste,
De voir que tu ne meurs que par ta propre faute.

Que dy-ie? mais que fay-ie? il vit, & va perir,
Faut-il qu'il viue encore ou doit il pas mourir,
Ie me sens agiter de passion diuerse,
Vn rayon de pitié s'en vient à la trauerse,
Qui m'attendrit le cœur d'vn si sensible effort,
Que ie mets en balance & sa vie & sa mort;

TRAGEDIE.

Ie cause sa disgrace, & voy que i'en soupire,
Ha le tison se brûle!

SCENE IV.

DEIANIRE à courant.

HA Meleagre expire!

ALTEE.

Ostant le tison du feu & létesgnant dans vne fontaine.

Conserue luy sa vie & d'vn remors nouueau,
Tire ce bois fatal, & léteins dedans leau.

DEIANIRE.

Madame, tout s'afflige, & tout se desespere,
Des soudaines douleurs qui tourmentent mon frere,
Dont le cours par sa mort sera tost acourcy,
Sy vous plaist de le voir, il est bien pres d'icy.

ALTEE.

A son occasion ie fais vn sacrifice,
Et cette triste veuë acroistroit mon suplice,
Retournez, vous verrez qu'il est mieux disposé.

MELEAGRE.

Et que dé-jà son mal est peut estre apaisé.

DEIANIRE, tout bas.

La crainte qu'elle en a l'oblige de le croire,
O qu'on lit dans ses yeux vne passion noire!

ALTEE.

Si quelque doux relâche à ses tourmens suiuis,
Prenez vn peu le soin de m'en donner auis.

SCENE V.

ALTEE seule.

IL ne sera pas dit qu'vne cruelle enuie
Arme mes propres mains contre ma propre vie,
Que ie rende a ce point mon renom criminel,
Et trahisse vn deuoir qui m'est si naturel,
Non, mon ame renonce à son transport extreme,
Et la force du sang est tousiours elle mesme,
Ma colere se passe, & ma pitié reuient,
La nature demande, & la nature obtient.
Faire mourir vn fils, ô penser detestable!
De quel étrange crime allois-ie estre coupable!

Aprés

TRAGEDIE.

Aprés tout le plaisir qui m'en est arriué,
Et l'auoir mis au monde & l'auoir éleué,
Punir si rudement ce ieune & ce cher Prince
Que comme son soleil regarde la Prouince,
Et combler de tristesse, & d'vn regret amer,
Vne épouse qu'il ayme, & que ie dois aymer:
Enfin par le grand coup d'vne furie extreme
Et le rauir au siens, & l'oster à moy-mesme?
Non, non c'est mon ouurage, & fut-il plus gasté,
Suffit que ie l'ay fait & qu'il m'a trop coûté,
Gardons que dans ce bois ne reste vne etincelle,
Qui nuise à cette vie & si chere & si belle,
Conseruons vn thresor qui fut de-ja pery
Enfin il est éteint.

SCENE VI.
DEIANIRE fort gaye.

ENfin il est guery.
Dans ce rauissement ie doute si ie veille
Ie vous apprens, Madame, vne heureuse merueille,
Son mal est grace aux dieux tout à fait amandé,

L

Et comme il estoit prompt, il a fort peu tardé.

ALTEE.

I'en rens grace au destin.

DEIANIRE.

Vous plaist-il pas Madame,
Contenter vôtre veuë aussi bien que vôtre ame,
De la felicité qui nous reuient si tost ?

ALTEE.

Allez voir comme il est, ie le verray tantost.

SCENE VII.

ALTEE.

LA santé de ce fils est enfin reuenuë,
Enfin il est guery mais ton mal continuë,
Ton fils se porte bien, mais tes freres sont morts,
Ha i'ay le cœur atteint de cent mille remors !
O trop indigne sœur ! ô maudite auanture,
Où i'ay pour vn moment fait grace à la nature,
Ou des malheurs du fils la mere se repent !

TRAGEDIE.

Il faut que je t'étouffe, iniurieux serpent!
Il faut que ie soulage vne douleur profonde,
Tu n'es pas moins serpent pour t'auoir mis au monde,
Vn tel monstre que toy ne peut estre sauué,
Tu n'est pas moins serpent pour t'auoir éleué,
Il faut en te tuant que i'oste à ma prouince,
Le malheureux espoir d'vn si malheureux prince,
Souffrir que ton épouse ait vn regret amer,
Aussi bien toy l'aimant ie ne doy point l'aimer,
Enfin par le grand coup d'vne furie extreme,
Et te rauir aux tiens, & t'oster à moy mesme,
Ouy, ouy romps ton ouurage estant ainsi gasté,
Sans voir que tu l'as fait, & qu'il t'a tant coûté,
Rauiue dans ce bois de mortes étincelles,
Eteintes qu'elles sont elles sont criminelles,
Et remets dans le feu d'vn cœur bien plus aigry,
Ce malheureux thresor, qui dût estre pery.

 Cruel, que le Sanglier par vn coup de deffence,
N'empecha-t'il ma main de vanger ton offence,
Que n'a-t'il de ton corps fait cent mille morceaux,
Sans que ie sois contee au rang de tes bourreaux,
Ton trepas me déplaist pour cette seule tâche,
Et l'effet m'en rauit, mais la cause m'en fâche,
Las! ton corps inocent m'auroit esté rendu,
Et ie t'aurois pleuré quand ie t'aurois perdu,
Au lieu que par ton crime on me verra contrainte,
Et de rire à ta mort, & d'en causser l'atteinte,

L ij

Mais i'apelle futur vn coup effectué,
Puis qu'il est dé-ja mort, & que ie l'ay tué,
A l'entour de ce bois la flame vient de prendre,
Et de toute sa vie il reste vn peu de cendre,
De mon coupable fils les iours sont consommez,
Et son trepas vous vengé, ô freres trop aymez,
Receuez de ma main l'offrande abominable,
Sacrifice enragé d'vne seur miserable,
Dé-ja le repentir qui bourrele mon sein,
Me retrace l'horreur de mon cruel dessein,
Deuoir mal expliqué! vengeance trop amere,
Par qui la mort du fils est l'œuure de la mere!
O de deux amitiez trop indigne raport!
Ha Dieux il est en cendre.

SCENE VIII.

DEIANIRE. éperduë.

HA, Madame, il est mort,
N'ayant pû soutenir vne douleur si forte,
Le voila tel qu'il est qu'à vos yeux on aporte.

TRAGEDIE.

A cause que luy mesme en mourant la voulu.

ALTEE.

Il faut pour cette obiet vn cœur bien resolu.

DEIANIRE.

Entre nous Atalante est plus morte que viue.

ALTEE.

Allez la consoler iusqu'à tant que i'arriue.

DEIANIRE.

Vne autre s'il vous plaist en prendra le soucy.

ALTEE.

Allez, ma chere fille, & me laissez icy.

L iij

SCENE IX.
ET
DERNIERE,
PLAINTE,
D'ALTEE SVR LE CORPS DE
MELEAGRE.

STANCE.

Pltoyable iouet de ma rage inhumaine,
 Qui n'estes maintenāt qu' vne ombre pâle & vaine
Et faittes sur mon ame vn si sensible effort,
Deuois-je conceuoir cette damnable enuie,
  De vous oster la vie,
Pour mourir du regret de vous donner la mort?

Falloit-il par vn coup plain d'horreur, & de blame,
Aux manes fraternels sacrifier vôtre ame?
Non ie ne sçai que trop qu'il ne le falloit pas,

TRAGEDIE. 87.

Nature permettoit, & rendoit legitime,
   De pleurer vostre crime,
Mais elle deffendoit de vanger leur trepas.

Il falloit seulement vous punir par mes larmes,
Et ne pas recourir à de mortelles armes,
Me dépouillant pour vous d'vne tendre douceur,
Et ie ne deuois pas sans trop de violence,
   Mettre en mesme balance,
Le deuoir d'vne mere, & l'amour d'vne sœur.

Vous voila toutefois, & cette meurtriere
Qui d'vne ombre de mort couure vostre paupiere,
La voit auec douleur sur vostre pâle teint,
Et d'vn crime si noir la seule repentance,
   Met vne difference,
De celle qui vous tue, à celle qui vous plaint.

C'est moy qui de vos iours romps la trame si belle
Mais c'est moy qu'vn vautour & déchire, & bourelle,
Et qui mere à ce coup deteste son forfait,
Iugez en m'écoutant que c'est mesme prodige,
   A mon cœur qui s'afflige,
D'én auoir du remors, comme de l'auoir fait.

Si i'osois vous toucher, ma pauure ame peut estre,
Par mes baisers ardens vous feroit recognoistre,

Le retour desolé de ses vrais sentimens,
Mais helas ie sçay trop qu'en cét instant suprême,
Vous ne voulez pas mesme,
De l'inutille aueu de mes bons mouuemens,

Meurs donc, trop bonne seur, & trop cruelle mere,
Aide par ce poignard à ta douleur amere,
Eteins auec tes iours ton inhumanité,
Et remporte aux enfers la memoire odieuse,
D'auoir esté pieuse,
Dans le celebre coup de ton impieté.

Là elle se tuë, & tout finit.

www.ingramcontent.com/pod-product-compliance
Lightning Source LLC
LaVergne TN
LVHW020159100426
835512LV00035BA/1056